# BEI GRIN MACHT SICH IHR WISSEN BEZAHLT

D1664370

- Wir veröffentlichen Ihre Hausarbeit,
  Bachelor- und Masterarbeit

- Ihr eigenes eBook und Buch -
  weltweit in allen wichtigen Shops

- Verdienen Sie an jedem Verkauf

**Jetzt bei www.GRIN.com hochladen
und kostenlos publizieren**

GRIN

**Bibliografische Information der Deutschen Nationalbibliothek:**

Die Deutsche Bibliothek verzeichnet diese Publikation in der Deutschen National-
bibliografie; detaillierte bibliografische Daten sind im Internet über http://dnb.d-
nb.de/ abrufbar.

**Impressum:**

Copyright © 2008 GRIN Verlag, Open Publishing GmbH
Druck und Bindung: Books on Demand GmbH, Norderstedt Germany
ISBN: 978-3-656-90658-2

**Dieses Buch bei GRIN:**

http://www.grin.com/de/e-book/289179/tiergestuetzte-interventionen-mit-dem-
hund-in-der-ambulanten-und-der-stationaeren

Bianca Wippich

# Tiergestützte Interventionen mit dem Hund in der ambulanten und der stationären Psychiatrie. Praxisbeispiele

GRIN Verlag

**GRIN - Your knowledge has value**

Der GRIN Verlag publiziert seit 1998 wissenschaftliche Arbeiten von Studenten, Hochschullehrern und anderen Akademikern als eBook und gedrucktes Buch. Die Verlagswebsite www.grin.com ist die ideale Plattform zur Veröffentlichung von Hausarbeiten, Abschlussarbeiten, wissenschaftlichen Aufsätzen, Dissertationen und Fachbüchern.

**Besuchen Sie uns im Internet:**

http://www.grin.com/

http://www.facebook.com/grincom

http://www.twitter.com/grin_com

# Tiergestützte Interventionen mit dem Hund in der ambulanten und der stationären Psychiatrie. Praxisbeispiele

Vorgelegt von: Bianca Wippich

# Inhalt

# 1. Tiergestützte Interventionen mit dem Hund in Einrichtungen der ambulanten und stationären Psychiatrie

Hunde können in der Arbeit mit Klienten mit psychischen Störungen unterschiedlich eingesetzt werden. Sie können ambulant oder stationär, punktuell oder dauerhaft, gezielt therapeutisch oder therapiebegleitend eingesetzt werden. Einsatzbereiche sind dementsprechend psychiatrische Stationen oder das private Umfeld des Klienten. Aus Deutschland liegen bisher wenige wissenschaftliche Erkenntnisse zum Einsatz von Hunden in der Psychiatrie vor.

Nachfolgend werden einige der bedeutendsten Studien sowie Beispiele aus der Praxis vorgestellt. In Anlehnung an Otterstedt (vgl. 2003, S.228 ff.) gibt es folgende Aufgabenfelder tiergestützter Interventionen in psychiatrischen Kliniken, die weiter zu diskutieren sind:

- *Hilfe bei der Diagnostik psychischer Störungen*
Hunde können bei der Diagnostik helfen, indem sie Verhaltensweisen in der Mensch-Tier-Interaktion hervorrufen, die vom Therapeuten analysiert werden können.

- *Unterstützung in der Therapie von Menschen mit psychischen Störungen*
Die zu erhaltenden psychischen, mentalen und sozialen Fähigkeiten können ressourcenorientiert durch tiergestützte Ergotherapie oder Psychotherapie gefördert werden.

- *Hilfe bei der Motivation von Menschen mit psychischen Störungen*
Der Hund kann den Menschen anregen, aus dem Bett aufzustehen, sich zu bewegen, Nahrung aufzunehmen, etc.

- *Förderung der Kommunikationsfähigkeit von Menschen mit psychischen Störungen*
Die zwischenmenschliche Kommunikation wird gefördert, indem mit dem Tier oder über das Tier gesprochen wird, es ist Kommunikationsanlass- und inhalt.

- *Unterstützung der sozialen Integration*
Das Tier kann den noch unsicheren Klienten bei seinen ersten Schritten außerhalb der geschützten Atmosphäre der Station begleiten, gibt ihm Sicherheit und unterstützt damit seine soziale Rehabilitation.

Besonders die Struktur der klinischen Betreuung orientiert sich in erster Linie an der Versorgung der gestörten Funktion des Menschen. Statt den physischen, psychischen, mentalen und sozialen Bedürfnissen ganzheitlich und interdisziplinär zu begegnen, werden diese meist getrennt voneinander oder einige gar nicht gesehen und behandelt. Ein Hund kann hier durch seine Anwesenheit außer Acht gelassene Bedürfnisse stillen und so zu einer verstärkt ganzheitlich orientierten Therapie beitragen. (vgl. Otterstedt 2003, S.232) Gefühle wie Angst, Stress und Einsamkeit können durch die Anwesenheit eines Hundes im Klinikalltag gelindert werden und tragen so zur Unterstützung der Rehabilitation der Patienten bei.

Bevor die Tiergestützte Therapie in das therapeutische Konzept einer Klinik integriert wird, sollte geklärt werden, ob sie wirtschaftlich und logistisch machbar ist und welches Tier dafür geeignet ist. Was den Hund betrifft, sollte vorher geklärt werden, ob er für die spezielle Aufgabe das geeignete Wesen und den geeigneten Körperbau hat, er kontaktfreudig ist, er den Grundgehorsam beherrscht und einen ausgeglichenen, belastbaren Charakter besitzt. Was den Klienten angeht, sollte er vor dem Kontakt befragt werden, ob der Kontakt erwünscht ist und ob eine Hundephobie oder eine Allergie gegen das Tier besteht.

Die Mitarbeiter der Klinik sollten im Team über den artgerechten Umgang mit dem Hund informiert und über die Thematik tiergestützte Intervention sowie die Mensch-Tier-Beziehung geschult werden. (vgl. Otterstedt 2003, S.230)

In Anlehnung an Gabriele Niepel (vgl. 1998, S. 89) können sieben verschieden Arten des Einsatzes von (Therapie-) Hunden im Bereich der psychiatrischen Versorgung unterschieden werden.

| Unterbringung des Hundes | Tiergestützte Maßnahme | Anwesenheit des Hundes | Bezugsperson des Hundes | Kritik |
|---|---|---|---|---|
| Stationäre psychiatrische Einrichtung | evtl. TGF als Stationshund in stationärer Einrichtung | ganztägig passiv | mehrere Bezugspersonen | • wechselnde Bezugspersonen sind eher ungünstig da der Hund ein festes Bezugssystem benötigt |
| Zwinger in stationärer psychiatrischer Einrichtung | TGT, TGA in stationärer Einrichtung | gezielt therapeutisch aktiv für eine bestimmte Zeit | mehrere Bezugspersonen | • wechselnde Bezugspersonen sind ungünstig (s.o.) • Zwingerhaltung ist abzulehnen, da der Hund als soziales Wesen unter der Isolation leidet |
| Mitarbeiter der Institution | keine therapeutische Maßnahme | ganztägig passiv | Mitarbeiter als Halter des Hundes | • Hund wird nur „aufbewahrt" und nicht beschäftigt |
| Angestellter oder freiberuflicher Mitarbeiter einer Institution | TGT in stationärer oder ambulanter Einrichtung | gezielt therapeutisch aktiv | Mitarbeiter als Halter des Hundes | • -- |
| Angestellter oder freiberuflicher Mitarbeiter einer Institution | TGF in stationärer oder ambulanter Einrichtung | stundenweise zur Pflege | Mitarbeiter als Halter des Hundes Klienten | • wechselnde Bezugspersonen (s.o.) |
| bei Klienten | – | ganztägig nicht gezielt therapeutisch | Klient | • je nach Störung und Symptomatik des Klienten ist davon abzuraten |
| bei einem ehrenamtlichen Helfer | TGF, TGA in stationärer oder ambulanter Einrichtung | aktiv gezielt | Halter des Hundes | • bei nicht ausgebildeten Hunden besteht Gefahr für Klienten |

Abbildung 1: Möglichkeiten tiergestützter Intervention in psychiatrischen Einrichtungen

Für alle Interventionen gilt, dass die Anwesenheit eines Hundes geeignet ist, die Arbeitsatmosphäre aufzulockern. Des Weiteren kann die tiergestützte Intervention mit dem Hund als Erweiterung des soziotherapeutischen Angebots einer psychiatrischen Einrichtung bewertet werden. Bei genauerer Betrachtung lassen sich jedoch nur einige der oben genannten Interventionsmöglichkeiten als akzeptabel für Hund, Halter und Klientel bewerten. Lediglich der Einsatz eines Hundes durch eine therapeutische/pädagogische Fachkraft innerhalb einer psychiatrischen Einrichtung als therapeutische Maßnahme lässt sich, soweit die erforderlichen Qualifikationen für Hund und Halter vorhanden sind, positiv bewerten. Ebenso sollte jede Maßnahme vorher genau unter Abwägung von Risiken und Nutzen für alle Beteiligten überprüft werden. Generell abzulehnen ist die Haltung eines Hundes im Zwinger auch innerhalb einer Institution, da dies nicht seinem Wesen als sozialem Tier entspricht und er unbedingt eine feste Hierarchie benötig, was durch ständig wechselnde Bezugspersonen nicht gewährleistet ist.

Keine therapeutische Maßnahme lässt sich erkennen, wenn ein Mitarbeiter seinen Hund mit zur Arbeit nimmt, damit er nicht alleine zu Hause bleiben muss. Einem Klienten einen Hund zu empfehlen oder zur Pflege zu überlassen, scheint ebenfalls nicht empfehlenswert. Ein Hund ist ein Lebewesen und darf nicht als Heilmittel auf Rezept verordnet werden. Gerade Klienten, die sich z.B. durch eine depressive Episode vernachlässigen, stellen eine Gefahr für die Gesundheit des Hundes dar.

Niepel (1998, S.138) bewertet ausdrücklich nur die Einsatzarten als positiv und empfehlenswert, bei denen der Besitzer seinen eigenen Hund einsetzt und der Hund den überwiegenden Teil des Tages in seiner Familie verbringt. Demnach lehnt Niepel den Einsatz von Hunden ab, die als Institutions- oder Stationshunde gehalten werden, wenn ein Therapiehund für einen Einsatz von fremden Personen ausgeliehen wird und ein Hund ganztägig als Therapiehund arbeitet. (vgl. Niepel 1998, S.135)

Der Veterinär- und Humanmediziner Dr. Armin Claus schreibt in der Einleitung seiner Dissertation *Tierbesuch und Tierhaltung im Krankenhaus*, dass in Heileinrichtungen „[...] durch die Anwesenheit von Tieren häufig eine natürlichere und häuslichere Atmosphäre [...]" entsteht (Claus 2000, S.9). Von dieser positiven Atmosphäre profitieren neben den Patienten auch das Pflegepersonal und die Besucher.

Der Kontakt zu Tieren in Krankenhäusern wird von Patienten häufig als echt und entspannend empfunden, weil die Tiere, im Gegensatz zu den meisten Menschen, ohne Scheu vor der Krankheit und ohne Mitleid auf die Patienten zugehen. (ebd.)

Claus erzielte mit seiner Studie folgende Ergebnisse (vgl. Claus 2000, S.184):

- in 57 Kliniken gibt es einen Therapiebegleitenden Tierbesuch

4

- beim Tier*besuch* im Krankenhaus ist mit 80,7% der Hund die beliebteste Tierart für die Patienten
- 58% aller beschriebenen Tier*haltungen* im Krankenhaus finden sich im Fachbereich Psychiatrie
- die therapeutisch orientierten Tierbesuche finden zu 57% in der stationären Psychiatrie statt

Claus stellt abschließend fest, dass alle Kliniken mit Tierbesuch oder –haltung von positiven Auswirkungen des Tierkontaktes auf Patienten und Klinikmitarbeiter berichten. Der Tierkontakt wirke sich besonders auf die Belebung der Atmosphäre in der jeweiligen Klinik aus, aber auch auf die Beschäftigung und Ablenkung der Patienten. Verbesserte Heilungstendenzen durch bessere Stimmung der Patienten werden ebenfalls festgestellt. (vgl. Claus 2000, S.184)

## 1.2. Praxisbeispiele aus der stationären Psychiatrie

Nachfolgend werden zwei stationäre Einrichtungen der Psychiatrie vorgestellt, die einen Hund zur Diagnostik, bzw. Therapie einsetzen.

### 1.1.1 Kinder- und Jugendpsychiatrie der Universität Leipzig

Seit 1996 werden die Aspekte der Kind-Tier-Beziehung an der Klinik für Kinder und Jugendpsychiatrie der Universität Leipzig untersucht. Der Hund hat sich neben dem Einsatz von Streicheltieren und dem heilpädagogischen Voltigieren als diagnostische und therapeutische Unterstützung fest in der Therapie von verhaltensauffälligen Kindern und Jugendlichen etabliert. (vgl. Prothmann/Ettrich 2003, S. 2)

Die Hundebegleiterin und die Therapeutin halten sich bei den Sitzungen im Hintergrund und das Kind kann sich eine halbe Stunde lang mit dem Tier beschäftigen. Kinder offenbaren oft viel mehr durch ihre nonverbale Kommunikation als durch Worte. Aufgrund ihres Verhaltens dem Hund gegenüber lassen sich psychische Störungen genauer diagnostizieren, da bei bestimmten Erkrankungen ähnliche Verhaltensmuster auftauchen, die durch die Interaktion mit dem Hund hervorgerufen werden. Mithilfe der Auswertungen solcher Kind-Hund-Interaktionen können die Therapeuten besser einschätzen, wie lange und intensiv die Therapie sein muss. In der Arbeit in der Kinder- und Jugendpsychiatrie werden Tiere zur Hilfe bei der Diagnostik psychischer Störungen eingesetzt.

Das Tier diene dabei als Projektionsfläche für die eigene Person oder eines Familienmitgliedes. Die neutrale und unvoreingenommene Haltung des Hundes zum Kind lasse schneller und unverfälschter eine Beziehung zustande kommen, als es eine diagnostische Gesprächssituation mit einem Arzt oder Therapeuten zulässt. (vgl. Prothmann 2006, S.38)

5

Es wurde der Eindruck gewonnen, dass sich Kinder dem Tier gegenüber oft schneller offenbaren als anderen Menschen. Dr. Anke Prothmann fand heraus, dass sich Kinder bei der Präsenz eines Hundes weniger ängstlich, sicherer und geborgener fühlten. Diese Kinder suchten häufiger Kontakt zu Mitmenschen, konnten sich besser konzentrieren und nahmen ihre gesunden Anteile besser wahr als die Kinder die ohne die Anwesenheit eines Hundes behandelt worden waren. Prothmann nimmt an, dass der gesamte Therapieverlauf mit einem Hund schneller und tiefgründiger abläuft, sagt jedoch nicht auf welchen Ergebnissen diese Annahme basiert. (vgl. ebd.)

Laut Prothmann (2003, S.5) konnten im Zeitraum zwischen 1996 und 2003 vor allem positive Eindrücke über den Einsatz von Hunden in der Psychotherapie von Kindern und Jugendlichen gewonnen werden. Die Akzeptanz dieser Therapieform sei bei Kindern und Jugendlichen gleich hoch. Dies liege vor allem daran, dass der Hund keine Erwartungen an das Kind, bzw. den Jugendlichen stelle und beide unbefangen miteinander interagieren. (vgl. ebd.)

Diese Studie bezieht sich ausschließlich auf die Wirkung des Hundeeinsatzes auf diagnostische und therapeutische Verfahren bei Kindern und Jugendlichen. Sie sagt jedoch nichts über die Effekte der tiergestützten Intervention mit dem Hund hinsichtlich der sozialen Rehabilitation der Kinder und Jugendlichen aus.

In diesem Fall ist der tiergestützte Einsatz mit dem Hund als Tiergestützte Therapie als Maßnahme der Psychotherapie zu betrachten.

### 1.1.2 Stationshund „Bonzo" am Zentrum für Psychiatrie in Ravensburg

Die psychiatrische Klinik *Die Weißenau* des Zentrums für Psychiatrie (ZfP) in Ravensburg setzt seit November 2002 einen Hund auf einer akutpsychiatrischen Aufnahmestation ein. Zunächst war dies ein Modellversuch, mittlerweile ist der Appenzeller/Berner/Senn-Mischling „Bonzo" ein fest etablierter Stationshund. Bonzo stammt aus dem Tierheim, hat keine Ausbildung zum Therapiehund absolviert, jedoch wurden seine Charaktereigenschaften überprüft. Klaus Koch, Krankenpfleger und Bonzos Halter auf der Station, initiierte das Projekt und meint, dass sich der Hund zu einem bedeutenden Bestandteil des Stationsalltags entwickelt hat. Er bewirkt, so Koch, eine positivere Atmosphäre auf der Station, die Klienten fühlen sich oft durch den Hund beruhigt, so dass

sie teilweise keine „Bedarfsmedikation" (Saum-Aldehoff 2007, S.54) also Medikamente zur Beruhigung mehr benötigen. Bonzos Anwesenheit wirke außerdem entschärfend auf neue Klienten, die bei ihrer Ankunft häufig sehr erregt und aggressiv sind. Des Weiteren ebne Bonzo als erstes Gesprächsthema den Zugang zu neuen Klienten und wirke so als Vermittler zwischen Klinikpersonal und Klient. (vgl. ebd.) Zunächst wurde der Einsatz eines Hundes systematisch geplant und eine Konzeption erstellt, wobei die Klinikleitung unterstützend wirkte. Nach Vorlage einer detaillierten Konzeption wurde der zuerst auf drei Jahre begrenzte Modellversuch genehmigt. Die Mitarbeiter der Station wurden nach eventuellen Allergien und Phobien befragt und erklärten sich ausdrücklich einverstanden.

Das Krankenhaus übernahm die Kosten für die Anschaffung, sowie die laufenden Kosten für Impfung, Versicherung und sonstige Ausgaben in Zusammenhang mit dem Hund.

Nach der Gewöhnung an sein privates Umfeld wurde er schrittweise für ein bis maximal vier Stunden mit auf die Station genommen und verbringt mittlerweile fünf Mal in der Woche eine Früh- oder Nachtschicht auf seiner Station. Bonzo wird ausschließlich von seinen Bezugspersonen gefüttert und diese entscheiden auch, wer ihn wann ausführen darf. Mitarbeiter, die zuerst Angst gegenüber einem Hund geäußert hatten, konnten sich nach Gesprächen und nach der Eingewöhnungsphase Bonzo gegenüber angstfrei zuwenden.

Anfang November 2002 begann Bonzo seine Arbeit auf der Akutstation der Psychiatrie *Die Weißenau*. Er verfügt über einen Fress- und Ruheplatz und entwickelte gewisse Eingangsrituale beim Betreten der Station, die jedoch nicht näher erläutert werden. (vgl. Koch et al. 2006, S.243)

Die pflegerische Stationsleitung und deren Vertreter dokumentieren die Entwicklung und therapeutischen Auswirkungen Bonzos kontinuierlich in einem Tagebuch. Bonzo näherte sich den Patienten unvoreingenommen und ohne Scheu und zeigte sehr schnell seine Fähigkeit, die Stimmungen des Personals oder der Patienten wahrzunehmen und darauf zu reagieren. Koch beschreibt z.B., dass Bonzo in kritischen Situationen, „bei aggressiven Durchbrüchen antriebsgesteigerter Patienten" (Koch et al. 2006, S. 244) aufmerksam beobachtend, ohne erkennbaren Stress reagierte und ruhig blieb.

Der mehrheitliche Teil der Patienten bewertet die Präsenz des Therapiehundes als Bereicherung der Stationsatmosphäre und als komplementäres Therapieangebot. Eine besondere Wirkung scheint Bonzo auf chronisch schizophren erkrankte Patienten zu haben. Diese reagierten auf seine vorurteilsfreie Zuneigung mit einer „zeitweilig überraschenden affektiven Aufhellung und Modulation des Antriebsniveaus" (Koch et al. 2006, ebd.), d.h. sie erlebten eine nicht vorhersehbare Verbesserung ihrer Stimmung und ihre Motivation änderte sich zum Positiven. Viele Patienten nutzten Bonzos Anwesenheit und Schweigsamkeit, um ihm von ihren Kindheitserlebnissen oder Wahnvorstellungen zu berichten.

Kritisch ist die Aussage Kochs zu bewerten, Bonzo lasse sich willig und offensichtlich genießend von schizophrenen Patienten mit ausgeprägter Nähe-/Distanzproblematik umarmen. Hier ist besondere Aufmerksamkeit seitens des Tierhalters bezüglich der Belastbarkeitsgrenzen des Tieres gefragt. Des Weiteren ist die Aussage Kochs, der Hund solle „nach 5-7 Tagen einen Tag frei haben" (Koch 2002) als äußerst problematisch hinsichtlich der Gesundheit des Hundes zu bewerten. Für ihn stellt die Arbeit eine große Belastung dar, da er jeden Tag mindestens acht Stunden auf einer akutpsychiatrischen Aufnahmestation mit stark emotional erregten, teilweise auch aggressiven Menschen konfrontiert wird.

Zwischen Mai und August 2005 wurde eine anonyme Patientenbefragung mittels eines Fragebogens durchgeführt, durch den 60 Patienten erfasst wurden.

- 95 % der Befragten befürworteten die Weiterführung des Modellversuchs
- 88 % der Patienten berichteten über positive Erfahrungen im Kontakt mit Bonzo
- 83 % waren der Meinung, sie hätten ausreichend Zeit mit Bonzo gehabt
- 60 % schilderten, zu Aktivitäten motiviert worden zu sein
- 10 % gaben an, in einer Situation Angst vor dem Hund gehabt zu haben

Laut Koch et al. (vgl. 2006, S.444) weisen die Beobachtungen, die während des Modellversuchs gesammelt werden konnten, auf eine insgesamt positive, therapieunterstützende Wirkung des Hundes hin. Bei den Patienten konnten folgende Verbesserungen im Zusammenhang mit der tiergestützten Intervention beobachtet werden (vgl. Koch et al. 2006, S.244):

- Aufwertung des Selbstwertgefühls
- Entspannung bei Spannungszuständen
- Beruhigung bei Menschen mit Aggressionspotential
- Ablenkung von Wahnvorstellungen bei schizophrenen Patienten
- Antriebssteigerung
- Affekterhellung
- schnellere Überwindung psychischer Krisen

Nach Koch lassen sich die Effekte des Einsatzes von Therapiehund Bonzo in unspezifische und spezifisch therapeutische trennen. Als unspezifisch kennzeichnet er die Wirkung des Hundes auf die Stationsatmosphäre. Diese wandelt sich in ein positives Klima von Fürsorge, Nähe, Verantwortlichkeit und Beziehung für- und untereinander. Spezifisch therapeutisch sei der gezielte Einsatz des Tieres in der Kontaktaufnahme mit schwer zugänglichen Patienten, insbesondere chronisch psychotische Patienten mit dominanter „Negativsymptomatik"[1] (Koch et al. 2006, S.245). Diese Patienten konnten

---

[1] Man spricht bei Menschen mit einer schizophrenen Störung von Negativsymptomatik wenn sie Symptome wie Affektverflachung, Sprachverarmung, sozialer Rückzug, Depression, etc. aufweisen.

z.B. durch einen Spaziergang mit dem Hund reaktiviert werden und zeigten in der Interaktion direktives Verhalten und Verantwortung, sowie kommunikative Fähigkeiten, die sonst nicht zum Vorschein kamen. (vgl. ebd.) An diesem Punkt könnte ein Sozialarbeiter anknüpfen um weitere Ressourcen des Klienten aufzudecken und ihm bewusst zu machen, z.b. mithilfe von Biographiearbeit.

Auch auf Patienten in suizidalen Krisen hat der Stationshund eine positive Wirkung, da diese sich durch den Kontakt zum Hund nicht mehr so allein gelassen fühlen und zu einer intensiven emotionalen Kontaktaufnahme mit dem Hund angeregt werden.

Mittlerweile ist der Modellversuch abgeschlossen und der Therapiehund ist jetzt fester Bestandteil des Stationskonzepts. Nach Abschluss des Modellversuchs hat die Geschäftsleitung beschlossen, dass auf maximal drei weiteren Stationen der Klinik Therapiehunde eingesetzt werden dürfen. (vgl. Koch et al. 2006, S.244)

## 1.2. Praxisbeispiele aus der ambulanten Psychiatrie
Es folgen zwei Beispiele aus dem Bereich der ambulanten Betreuung von Menschen mit psychischen Störungen, die in ihrer Arbeit von einem Hund unterstützt werden.

### 1.2.1 Ambulanter Betreuungsdienst „Ein Stück Sonntag im Alltag"
Der Unternehmensverband *Ein Stück Sonntag im Alltag* (im weiteren Verlauf ESSiA genannt) ist ein Zusammenschluss aus den Einzelunternehmen „Ein Stück Sonntag im Alltag Julia Heimann", „Ein Stück Sonntag im Alltag Katja Stricker" und dem „BeWo (Betreutes Wohnen) Heimann", welche sich ab und zu für Einsätze zusammen schließen. Er befindet sich in Köln und besteht seit Januar 2004. Sein Aufgabenfeld liegt in der persönlichen Betreuung von Menschen mit unterschiedlichen Störungen in Institutionen (Kindergärten, Alten-Pflegeheimen, etc.), bzw. dem ambulanten Betreuten Wohnen von Klienten in deren eigener Wohnung in Verbindung mit Tiergestützter Pädagogik/Therapie.

Beim Betreuungsdienst ESSiA arbeiten zwei Diplompädagoginnen, eine Heilpädagogin sowie zeitweise eine Tiertrainerin der Hundeschule „Solveig Burauen" in Köln. Ob die Tiertrainerin an einer Sitzung teilnimmt wird individuell auf jeden Klienten abgestimmt. Obligatorisch nimmt sie jedoch am ersten Treffen mit dem Klienten teil, bei dem der Klient eingeschätzt wird und der Aufnahmebogen ausgefüllt wird. Ebenso obligatorisch sind die Zielbesprechung im Team und der erste Termin mit Klient und Hund.

Die Finanzierung der erbrachten Leistungen erfolgt in der Mehrzahl privat durch die Klienten, aber auch durch die gesetzlichen Krankenkassen und den Landschaftsverband Rheinland (LVR).

ESSiA bietet nach eigener Aussage „Tiergestützte Therapie" im Rahmen der Persönlichen Betreuung für unterschiedlich beeinträchtigte Klienten an. Die Persönliche Betreuung soll Klienten dabei helfen, ihren Alltag zu bewältigen. Die Tiergestützte Therapie ist dabei eine begleitende und unterstützende Maßnahme. (vgl. Stricker/Heimann 2008b)

Das Angebot Tiergestützte Therapie wird auf jede Person individuell abgestimmt und es werden vor der Durchführung genaue Ziele formuliert, die erreicht werden sollten. Die Therapie mit dem ausgebildeten Hund wird von einer Diplompädagogin durchgeführt, manchmal von einer Tiertrainerin unterstützt und immer von einem Therapeuten, bzw. einem Menschen mit Heilerlaubnis begleitet.

Die Tiergestützte Therapie wird dokumentiert und anschließend evaluiert. Die Dokumentation erfolgt durch Aufnahmebögen, in denen Ziele und Vorgehensweisen formuliert werden, Des Weiteren gibt es Verlaufsbögen, auf denen nach den einzelnen Stunden bedeutende Punkte festgehalten werden können. Manche Sitzungen werden gefilmt.

In der Regel findet nach einem Monat, nach zwei Monaten und nach sechs Monaten eine Evaluation der gesammelten Daten statt. Die Leistungen werden kontinuierlich durch dokumentarische Arbeit überprüft, die sich sowohl auf die Struktur-, die Prozess- und die Ergebnisqualität bezieht. Die Evaluation findet zusammen mit den Klienten und gegebenenfalls mit Kooperationspersonen statt. Die Evaluation lässt sich laut Julia Heimann (vgl. ebd.) in die folgenden Bereiche einteilen:

- Beschreibung (Was ist erreicht worden?)
- Überprüfung der Akzeptanz des Hundes und der Maßnahme (Sind die angewandten Maßnahmen geeignet, das individuelle Ziel zu erreichen und wenn nicht, welche anderen Maßnahmen können durchgeführt werden?)
- Transfer (Sind Veränderungen beim Klienten erkennbar?)
- Ergebnis (Haben die Veränderungen zu den anfangs formulierten Zielen geführt?)

Es werden aufsuchende, tiergestützte Einzeltermine oder Gruppenangebote durchgeführt, d.h. es werden Einrichtungen, Vereine oder andere Gruppen von einem Hund und einer Pädagogin besucht. Bei diesem Angebot wird ein Vormittag, Nachmittag oder Abend auf den Klienten abgestimmt und thematisch so gestaltet, dass auch der Hund im Mittelpunkt stehen kann. So wird beispielsweise Wissen über den Hund vermittelt, man kann sich über den Hund unterhalten, es kann versucht werden Ängste gegenüber dem Tier abzubauen, aber auch sensorische Eindrücke können über das Tier erfahrbar gemacht werden. Es konnte laut Angaben von ESSiA (vgl. Stricker/Heimann 2008a) beobachtet werden, dass die Mensch-Tier-Interaktion folgende positive Auswirkungen haben kann:

- es herrscht eine freundliche, ruhige Atmosphäre
- der Mensch empfindet weniger Unsicherheit, Angst und Stress
- es findet eine soziale Interaktion mit dem Hund und über den Hund mit anderen Menschen statt
- der Hund steigert die Motivation und Aktivität
- ein anwesender Hund wirkt psychologisch stabilisierend, strukturierend und beruhigend
- auf physiologischer Ebene bewirkt die Anwesenheit eines Hundes Blutdrucksenkung und Muskelentspannung

Es gibt eine interne Dokumentation und Evaluation, aber keine wissenschaftliche Begleitung der aufgenommenen Daten. Daher kann keine Aussage darüber getroffen werden, ob die tiergestützte Arbeit mit dem Hund zur Rehabilitation des Klientel beiträgt oder nicht.

Der Kontakt zwischen Klient und Hund ist je nach individueller Zielsetzung spielerisch, versorgend oder therapeutisch orientiert. Es hängt auch vom Klienten ab, welcher der Hunde beim Einsatz dabei ist. (vgl. ebd.)

Auf die Frage, ob es schon einmal zu Erkrankungen bei Klienten gekommen sei, die eventuell durch das Tier ausgelöst wurden, antwortet Julia Heimann, dass dies schwierig zu beantworten ist. Einmal sei es vorgekommen, dass ein Hund eine Mandelentzündung hatte, dieser sei sofort nicht mehr eingesetzt worden. Eine Woche später hatte jedoch eine Klientin in einem Altenheim eine Mandelentzündung. Letztendlich konnte jedoch nicht abschließend geklärt werden, wo sich die Klientin angesteckt hatte, ob beim Pflegepersonal, den Besuchern oder beim Hund. Es wäre auch denkbar, dass der Hund sich bei der Klientin angesteckt hat. (vgl. ebd.) Bei der Zusammenarbeit mit Institutionen werde daher immer der Hygieneplan um den Einsatz mit dem Hund erweitert, so Heimann im Interview (vgl. ebd.). Konkret bedeutet das, dass ein Ansprechpartner, Zugangsbeschränkungen für den Hund, Anforderungen an das Personal und Angaben zur Reinigung und Desinfektion in den Hygieneplan übernommen werden. (vgl. Schwarzkopf 2003, S.112 f.)

Pro Termin werde immer nur ein Hund eingesetzt. Jeder Hund arbeite höchstens fünf Stunden in der Woche, an maximal zwei Tagen und für höchstens zwei Stunden am Tag. Jeder Termin dauert 45 Minuten, es kommt vor, dass ein Einsatz am Vormittag und der nächste am Nachmittag stattfindet.

Bei der Auswahl der Hunde sei es ESSiA besonders wichtig, dass die Hunde „total freundlich" (Heimann Anhang *Interview*) sein müssten und keinerlei Aggressionen gegen Menschen entwickeln dürften, bzw. nicht in Verdacht stehen dürfen, diese zu entwickeln (vgl. ebd.).

Für die Durchführung des Hundeeinsatzes wurden gezielt Tiere ausgewählt, die mit verschiedenen Menschen und deren unterschiedlichen Verhaltensweisen umgehen können, da sie selber unterschiedlich auf ihre Umwelt reagieren. Aktuell wird mit vier Hunden gearbeitet, alle sind im familiären Umfeld untergebracht. Einer der Hunde kommt aus dem Tierheim, ein anderer vom Züchter, ein anderer aus einem Wurf einer Hündin von Bekannten und einer ist ein „Urlaubs-Fundhund". (vgl. ebd.) Die Hunde unterscheiden sich in ihrer individuellen Schmerzresistenz, ihrer Agilität und reagieren unterschiedlich auf Stresssituationen. Je nach Passung werden sie dann einem Klienten vorgeschlagen. Die Hunde wurden, bevor sie endgültig ausgewählt wurden, von der Hundetrainerin Solveig Burauen auf ihr Wesen getestet. Einer der eingesetzten Hunde kam aus dem Tierheim, was eine Schwierigkeit darstellte, da er sich dort anders verhielt als außerhalb des Tierheimes. Julia Heimann rät daher, eine erfahrende Hundetrainerin für einen Test zu involvieren. Es sei außerdem gut, einen Hund schon als Welpen ab der zwölften Woche kennen zu lernen, da zu diesem Zeitpunkt sehr viel aussagefähigere Tests machbar wären.

Was die Gesundheit der Hunde betrifft, so werden diese regelmäßig veterinärmedizinisch überwacht. Sie werden, laut Aussage von Julia Heimann, einmal im Jahr gegen Tollwut und Staupe geimpft, alle drei Monate entwurmt und alle zwei Monate bekommen sie ein Anti-Floh und ein Anti-Zecken-Mittel. Zusätzlich werden die Tiere dem Tierarzt ca. zweimal im Jahr dem Tierarzt vorgestellt. (vgl. ebd.)

Bei einem Einsatz mit dem Hund gibt es immer einen festen Ablauf, beginnend mit der Begrüßung und darauf folgend darf der Hund gestreichelt werden. Die Aktivität mit dem Hund kann je nach Bedarf des Klienten spielerisch, pflegend oder therapeutisch ausfallen. Der Hund wird dann z.B. an der Leine spazieren geführt oder man spielt mit ihm. In anderen Fällen ist der Hund nur anwesend während Gespräche mit dem Klienten geführt werden. Am Ende darf dann noch eine „Kuschelrunde" (Heimann Anhang *Interview*) durchgeführt werden bevor die Verabschiedung stattfindet. Das, was zwischen Begrüßung und Abschied stattfindet, wird individuell auf den Klienten abgestimmt.

Der Besuch mit dem Hund ist eine aufsuchende Tätigkeit und findet in der Regel bei den Klienten statt. Die Klienten werden in den Einrichtungen oder zuhause besucht oder abgeholt und in einem Fall trifft man sich mit einer Klientin in einem nahe gelegenen Park.

Die überwiegende Reaktion der Klienten auf die Aktivität mit dem Hund beschreibt Julia Heimann mit dem Satz „Die freuen sich." (vgl. ebd.) Sie fügt aber sofort hinzu, dass es nicht immer fassbare Ergebnisse gebe und meint damit, dass man nicht immer die gesteckten Ziele erreicht.

Laut Aussage von Julia Heimann (vgl. ebd.) ist es insbesondere für psychisch kranke Menschen, die meist wenig Kontakt zu anderen Menschen haben, von Vorteil, dass über den Hund Kontakt zu Dritten stattfindet. Das Zusammensein mit dem Hund, vorausgesetzt es findet in der Öffentlichkeit statt, wirke normalisierend und damit Stigmatisierung entgegen. Besonders bei Menschen mit Zwangsstörungen sei die Arbeit mit dem Hund erfolgreich, da der Hund so viel Aufmerksamkeit fordert, dass der Betroffene das Verhalten, das als schwierig empfunden wurde durch ein anderes ersetzen konnte. Wenn ein verhaltensauffälliger Mensch mit einem Hund angetroffen wird, wird er meist von anderen Menschen als „nicht so gestört" (vgl. ebd.) wahrgenommen, da der Hund den Fokus auf sich und von der Krankheit weg lenkt. Zur Normalisierung gehört aber auch, dass Konflikte mit Mitmenschen ausgetragen werden müssen. So kommt es bei einem Spaziergang auch manchmal zu Konflikten, die der Klient selbstverantwortlich und selbstbestimmt lösen muss. (vgl. ebd.)

### 1.2.2 Hundebesuchsdienst im Betreuten Wohnen des Bonner Caritasverbandes

Im Rahmen des Betreuten Wohnens des Caritasverbandes für die Stadt Bonn e.V. besucht Vera Goertz seit 2005 gemeinsam mit ihrer Hündin „Freya" Menschen mit psychischen Erkrankungen. Um die tiergestützte Intervention in das Arbeitsfeld des Betreuten Wohnens, innerhalb der Organisation des Sozialpsychiatrischen Zentrums, zu integrieren wurden zunächst Maßnahmen getroffen, um die Akzeptanz der Maßnahme innerhalb des Teams zu fördern. Für das SPZ wurden Regelungen bezüglich der Hygiene getroffen, wie z.B. dass die hauswirtschaftlichen Räume für den Hund verschlossen bleiben, dass jeder sich nach dem Kontakt mit dem Hund die Hände wäscht sowie dass der Hund einen Ruheplatz zwischen den Einsätzen hat. (vgl. Goertz 2007, S.112)

Bei der Hündin Freya handelt es sich um einen dreieinhalb jährigen Setter-Retriever-Schäferhund-Labrador-Mischling. Freya habe seit dem Welpenalter verschiedene Schulungen besucht und sei im Hinblick auf den Kontakt mit Menschen, Hunden und anderen Tieren positiv sozialisiert worden. (vgl. ebd.)

In einer fünfwöchigen Vorbereitungsphase auf den tiergestützten Einsatz fanden zwei vorbereitende Gesprächseinheiten, zwei Kontakte mit Klientin und Hund in der Einrichtung und sechs Hausbesuche bei der Klientin mit dem Hund statt.

Frau Goertz gibt folgende Ziele für die Einführungsphase der tiergestützten Intervention innerhalb des SPZ an (vgl. Goertz 2007, S.110 f.):

- das Betreuungsangebot des SPZ, um die tiergestützte Maßnahme als ein Angebot zur Ergänzung der ganzheitlichen Förderung und der Förderung der Teilhabe am gesellschaftlichen Leben, zu ergänzen
- die methodischen Interventionsmöglichkeiten qualitativ zu erweitern
- die körperlichen, geistigen und seelischen Kräfte der Klienten durch psychologische Stressreduktion, verbale und nonverbale Kommunikationsförderung, etc. zu fördern.

Am Beispiel einer 66-jährigen Klientin, bei welcher im 20. Lebensjahr eine schizoaffektive Psychose diagnostiziert wurde, wird der Einsatz von Freya im Rahmen des Betreuten Wohnens geschildert. Die Klientin äußerte sowohl vor dem ersten tiergestützten Einsatz als auch nach dem ersten Treffen mit Freya Interesse an dieser Maßnahme.

Nach dem sechsten Hausbesuch findet mit der Klientin eine Nachbereitung statt. Die Klientin äußert sich ausschließlich positiv über die Begleitung des Hundes. Die Treffen mit Freya haben ihr Freude bereitet und sie habe ihren Freundinnen von den Besuchen erzählt. Ferner äußerte sie mehrmals den Wunsch nach weiteren Spaziergängen, welche sie früher ohne die Tierbegleitung abgelehnt hatte.

Nach Goertz lassen sich daher positive Ergebnisse hinsichtlich der Bereiche Motivation, Kommunikation, Konzentration, Gedächtnis, Emotionalität und Mobilisierung für den Hundebesuchsdienst bei der Klientin feststellen die anschließend näher erläutert werden.

Im Hinblick auf die Motivation der Klientin ließ sich ein kontinuierliches Interesse an der Maßnahme während des Prozesses und darüber hinaus feststellen. Bei der Klientin konnte die Fähigkeit zur verbalen und nonverbalen Kommunikation während des Hundebesuchs sowie der Reflexion über die Erlebnisse im Anschluss an den Hundebesuch festgestellt werden. Die Klientin wurde durch den Hund angeregt über ihre Vergangenheit zu sprechen, es wurden Kontakte zu fremden Personen aufgenommen und ihre sozialen Kontakte wurden durch Gespräche über den Hundebesuch gefördert. Hinsichtlich der Konzentration konnte eine kontinuierliche Aufmerksamkeit während der Besuchstermine festgestellt werden. Durch die Anwesenheit des Hundes wurden Erinnerungen hervorgerufen, mit deren Hilfe sie ihre Biographie weiterverarbeiten kann. (vgl. 2007, S.118 f.)

Zusammenfassend lässt sich sagen, dass die tiergestützte Maßnahme mit dem Hund im Rahmen einer sozialpädagogischen Intervention eine Möglichkeit zu einer ressourcenorientierten Arbeit mit Menschen mit psychischen Störungen darstellen kann.

## 2. Schlussbetrachtung

Das derzeitige psychiatrische Versorgungssystem ist trotz aller Reformbemühungen immer noch entwicklungsbedürftig, insbesondere im Bereich der soziotherapeutischen Maßnahmen. Die tiergestützte Aktivität oder Therapie mit dem Hund durch eine sozialpädagogische Fachkraft kann eine ressourcenorientierte Erweiterung der soziotherapeutischen Maßnahmen darstellen. Ein Hundebesuch bei einem stationär untergebrachten Klienten ist unter Umständen geeignet, dem Gefühl der sozialen Isolation entgegenzuwirken.

Wenn ein Klient in der Klinik eine TGT mit dem Hund erfahren hat und diese gute Erfolge erzielt hat, sollte die Intervention im Zuge der Nachbetreuung weitergeführt werden, z.B. im Rahmen des Betreuten Wohnens durch Besuche eines Sozialpädagogen mit einem Therapiehund. Wünschenswert wäre dabei eine komplette Vernetzung aller involvierten Dienste wie sie durch die Installation Sozialpsychiatrischer Zentren bereits initiiert wurde. Das könnte z.B. bedeuten, dass ein Sozialpädagoge unabhängig von einer Institution klientenzentriert mit dem Hund arbeiten kann. Er könnte dann den gleichen Klienten der zuvor stationär untergebracht war, innerhalb der Nachsorge ambulant betreuen. Damit wäre eine kontinuierliche Betreuung ohne ständig wechselnde Personen möglich. Ein Hund könnte dem Sozialpädagogen den Zugang zum Klienten erleichtern und damit bei der psychosozialen Diagnostik und der Durchführung soziotherapeutischer Maßnahmen unterstützend wirken.

Die Möglichkeit der tiergestützten Intervention und ihre potentiellen Auswirkungen werden in der Tat häufig mystifiziert und idealisiert und es werden dringend weitere Evaluationen benötigt. Andererseits hat die Wissenschaft ihre Grenzen und es gibt nicht für jede Wirkung eine Erklärung, so stellte schon Goethe fest:
„Es bleibt ein Rest, der geht nicht auf" (zitiert nach Bergler 2000, S.286). Hier lässt sich eine Analogie zu Therapiemaßnahmen wie Homöopathie und Akupunktur erkennen, die teilweise sogar von den gesetzlichen Krankenkassen anerkannt sind, deren Wirksamkeit aber nicht hinreichend wissenschaftlich erklärt werden kann.

Insgesamt lässt sich sagen, dass sich zwar in Deutschland eine Organisationsstruktur tiergestützter Arbeit herausgebildet hat. Jedoch gibt es noch immer keine verbindlichen Richtlinien sodass sich Anbieter von tiergestützten Maßnahmen mit dem Hund den bestehenden Dachverbänden zwar freiwillig anschließen können, dies aber nicht verpflichtend für sie ist. In dieser Hinsicht muss sich in Bezug auf die Qualitätssicherung noch einiges verändern.

Im Hinblick auf einen Fachdiskurs innerhalb der Sozialpädagogik lässt sich feststellen, dass das Thema noch nicht angekommen ist und noch zu diffus wahrgenommen wird. Was die Chancen eines Hundeeinsatzes für den Hund betrifft, so lassen sich, da man ihn nicht fragen kann, folglich keine Aussagen treffen. Es ist lediglich anzunehmen, dass ein Einsatz, wenn er verantwortungsbewusst und professionell betrieben wird, dem Bedürfnis des Hundes nach Beschäftigung zugutekommt. Die Risiken lassen sich allerdings klar bestimmen.

Der Einsatz von Tieren in Therapie und Pädagogik darf nicht dazu führen, dass ein Tier wie ein Medikament verordnet wird.

Kritisch anzumerken ist außerdem, dass bei der tiergestützten Arbeit mit dem Hund wie auch mit anderen Tieren das Wohl des Menschen vor dem Wohl des Tieres steht. Es herrscht auch im Fachdiskurs eine anthropozentrische Sichtweise vor. Noch einmal sei an dieser Stelle an die Verantwortung des Menschen für das ihm wehrlos ausgelieferte Tier appelliert.

In der Diagnostik und Therapie von psychisch gestörten Kindern und Jugendlichen scheint die TGT gute Ergebnisse zu zielen. Weitere Evaluationen sind wünschenswert, um die Effektivität der Maßnahme argumentativ zu untermauern.

Um von einer therapeutischen Maßnahme sprechen zu können, muss zunächst einmal eine Qualifikation von Hund und Mensch vorliegen. Dies ist im Fall des Stationshundes Bonzo nicht der Fall, da weder Hund noch Betreuer für eine tiergestützte Tätigkeit ausgebildet sind. Des Weiteren ist zu kritisieren, dass der Hund einer großen Stressbelastung ausgesetzt ist, da er zu lange im Einsatz ist wenn auch mit der Möglichkeit, sich in seinen Bereich zurückzuziehen. Problematisch sind hier allerdings auch die wechselnden Bezugspersonen, die den Hund irritieren, der es gewohnt ist im Rudel in einer strengen Hierarchie zu leben.

Beim stationären Einsatz des Hundes konnte jedoch eine positiv veränderte Atmosphäre von allen Agierenden festgestellt werden, die sich auch positiv auf die Linderung der Symptome der Klienten auswirkte. Ebenso ist die Möglichkeit, Berührungen auszutauschen und einen stillen Zuhörer zu haben, positiv zu bewerten.

Was den stationären und ambulanten Einsatz eines Hundes betrifft, sollte ausgeschlossen sein, dass der Hund nur zu „Aufbewahrungszwecken" bei der Arbeit des Menschen dabei ist.

Bei jeder Form der tiergestützten Betreuung muss vorher, wie bereits erwähnt, unbedingt gesichert sein, dass der Kontakt zum Hund vom Klienten erwünscht ist. Es muss vorher geklärt werden, ob bereits ein Hund im Haushalt lebt, mit dem es zu Konflikten kommen könnte, ob eine Hundephobie besteht oder ein Mensch den Kontakt aus kulturellen oder religiösen Gründen ablehnt.

Eine Einschätzung der Wirksamkeit von tiergestützten Interventionen als sozialpädagogische Maßnahme für Menschen mit psychischen Störungen ist durch die Analyse der vorliegenden Studien nicht abschließend möglich. Die Studien, die sich auf die Einsatzbereiche der ambulanten und stationären Psychiatrie beziehen, stammen überwiegend aus den Disziplinen Diagnostik und medizinische Therapie, wenngleich der sozialtherapeutische Aspekt mitbetont wird.

Jedoch lässt sich mithilfe dieser Erkenntnisse feststellen, dass der Einsatz von Hunden in der Rehabilitation von Menschen mit psychischen Störungen positive Effekte auf ihren psychischen Zustand und ihre sozialen Kontakte haben kann.

Hier ist jedoch der spezifisch therapeutische Einsatz des Hundes in der TGT vom Einsatz als TGF oder TGA zu unterscheiden. Durch TGT mit dem Hund kann gezielt auf individuelle Schwierigkeiten wie Antriebslosigkeit aufgrund von Depressionen eingegangen werden. Während die TGF oder TGA mit dem Hund dazu dient, die Klienten von ihrer Störung und deren Folgen abzulenken und eine humanere Atmosphäre zu schaffen.

Bevor die Haltung von Hunden jedoch zur Verbesserung der Atmosphäre auf psychiatrischen Stationen weiter propagiert wird, sollte auch evaluiert werden, warum die Stationsatmosphäre ohne Hund so negativ wahrgenommen wird. Die Tierhaltung im Krankenhaus sollte nicht dazu instrumentalisiert werden, eventuell bestehende strukturelle Probleme, wie z.B. eine zu lange andauernde stationäre Behandlung, zu überdecken.

Die Arbeit des Sozialarbeiter/Sozialpädagogen zielt neben der individuellen Stabilisierung und Rehabilitation des Klienten immer auch auf (sozial-) politische und gesellschaftliche Veränderungen ab. Daher sollten, neben der symptomatischen Behandlung des Klienten mit einer tiergestützten Intervention, auch die den Schwierigkeiten zugrunde liegenden Ursachen versucht werden abzuwenden. Dies kann z.B. durch Aufklärungsarbeit über Menschen mit psychischen Störungen und deren Lebenslagen geschehen. Vielleicht kann der Rest der Gesellschaft eines Tages Menschen mit psychischen Störungen mehr Verständnis entgegenbringen, so dass Stigmatisierung und soziale Ausgrenzung aufgrund von Unkenntnis und Berührungsängsten ihnen gegenüber gar nicht erst entstehen. Mit dieser Arbeit ist also auch ein Plädoyer für mehr Öffentlichkeitsarbeit und Toleranz gegenüber psychischen Störungen, und den davon betroffenen Menschen verbunden, zumal diese immer mehr zunehmen.

Tiergestützte Maßnahmen werden im pathogenetisch-medizinisch orientierten Gesundheitssystem auch vor dem Hintergrund einer Evidenzbasierten Medizin im Hinblick auf die Kosteneffizienz einer Maßnahme gesehen.

In Zeiten, in denen finanzielle Ressourcen im sozialen Sektor im Allgemeinen und im Gesundheitswesen im Besonderen hart umkämpft sind, gewinnt der Faktor Prävention immer mehr an Bedeutung. Auch für den Bereich der tiergestützten Arbeit spielt die präventive Funktion des Tiereinsatzes eine wichtige Rolle. Der Psychologe Reinhold Bergler erforscht die Mensch-Tier-Beziehung im Hinblick darauf, inwiefern sich Heimtiere präventiv auf die Gesundheit des Menschen auswirken (vgl. Bergler 1993). Vor diesem Hintergrund ist es besonders wichtig, auf die Gefahren der tiergestützten Intervention für die Gesellschaft zu verweisen. Der Einsatz von Hunden als „Heilmittel" darf nicht dazu benutzt werden, Kosten im Gesundheitswesen einzusparen und andere Behandlungsmaßnahmen zu ersetzen. Es muss ausnahmslos klargestellt sein, dass eine tiergestützte Maßnahme nur eine Unterstützung oder Erweiterung einer anderen Maßnahme des Gesundheits- oder Sozialdienstes sein darf.

Das Ziel zukünftiger Studien muss es sein, herauszufinden, welche Tierart und welche Interventionsmaßnahme sich für welche Diagnose besonders eignet um im Bedarfsfall eine Indikation stellen zu können. Insbesondere da die gesetzlichen Krankenkassen den Einsatz von Hunden noch nicht als Behandlungsmaßnahme akzeptieren und finanzieren, bedarf es hier weiterer Nachweise der Wirksamkeit tiergestützter Interventionen.

Zu Beginn der Arbeit war ich dem Thema Tiergestützte Arbeit ausnahmslos positiv gegenüber eingestellt. Im fortlaufenden Entstehungsprozess dieser Arbeit habe ich meine Meinung diesbezüglich jedoch etwas geändert. Anfangs war ich einigermaßen fest entschlossen, später einmal unterstützt durch einen Therapiehund in einer Einrichtung der ambulanten Psychiatrie arbeiten zu wollen. Besonders die Beschäftigung mit dem Wohl des Hundes hat mich zum weiteren Nachdenken gebracht, so dass ich vom ursprünglichen Gedanken Abstand genommen habe.

Man bekommt den Eindruck, der Hund sei ein omnipotentes Heilmittel, das zu funktionieren hat. Hier lässt sich ein paradoxes Verständnis der Mensch-Tier- Beziehung erkennen, einerseits werden dem Hund Emotionen, Kommunikationsfähigkeit und soziales Verhalten zugesprochen, wenn es um die Wirksamkeit eines Tiereinsatzes geht. Andererseits soll er keine Emotionen zeigen, muss auf Kommando gehorchen und selbst in stressigen Situationen Ruhe bewahren und sein natürliches Verhalten möglichst unterdrücken.

Der oft zitierte Wunsch nach Verbundenheit mit der Natur ist nachvollziehbar und gerade in Zeiten vermehrt gefühlter Entfremdung von der Natur sinnvoll.

Wünschenswert wäre, wenn die Sozialarbeit/Sozialpädagogik den ökologischen Gedanken, z.B. durch Erziehung zu Umweltschutz oder Ernährungsberatung öfter mit in den Blick ihrer Interventionen nehmen würde. Eine tiergestützte Intervention mit dem Hund kann hierfür, wenn sie verantwortungsvoll für alle Beteiligten durchgeführt wird, der Initiator sein.

Momentan besteht ein großes Defizit zwischen der Quantität von Theorie und Praxis tiergestützter Interventionen mit dem Hund. Es gibt eine große Anzahl von praktischen Projekten, andererseits finden sich aber kaum Studien zum Thema. Eine Integration von theoretischem und praktischem Wissen ist dringend erforderlich, z.B. durch die wissenschaftliche Begleitung bestehender Projekte.

Zusammenfassend spreche ich mich für weitere Evaluationen und Diskurse über den sozialpädagogischen Einsatz von Hunden im Praxisfeld der Psychiatrie aus, insbesondere im Hinblick auf ethische Fragen im Hinblick auf das Wohl des Tieres.

Abschließend möchte ich noch einmal betonen, dass im Einzelfall ein tiergestützter Einsatz unter bestimmten Bedingungen sinnvoll sein kann, er aber auf keinen Fall als Allheilmittel, Präventionsinstrument oder gar als Ersatz für qualifizierte Fachkräfte instrumentalisiert werden darf. Ein denkbares Horrorszenario wäre die Möglichkeit, Heimtiere auf Rezept zu verschreiben.

Interessant wäre es, Aussagen darüber zu erhalten, ob die spezifische Gruppe chronisch psychisch kranker Menschen von einer soziotherapeutischen Maßnahme wie dem Tierbesuch mit dem Hund in der Klinik oder der Tiergestützten Therapie im ambulanten Betreuten Wohnen profitieren. Diese Frage konnte in dieser Arbeit aufgrund fehlender Studien nicht geklärt werden und eignet sich daher zur Anfertigung weiterer Studien.

# 3. Literaturverzeichnis (inklusive weiterführender Literatur)

- Amico mio (2008): *Weiterbildung*. URL
  http://www.amicomio.de/weiterbildung/aktuell.html v. 05.02.08)

- BApK e.V. (Bundesverband der Angehörigen psychisch Kranker) (Hrsg.) (2001): *Mit psychisch Kranken leben. Rat und Hilfe für Angehörige.* Bonn.

- Beetz, A. (2003): *Bindung als Basis sozialer und emotionaler Kompetenzen.* In: Olbrich, E., Otterstedt, C. (Hrsg.): Menschen brauchen Tiere. 2003, S. 76-84.

- Bergler, R. (1986): *Mensch und Hund. Psychologie einer Beziehung.* Köln.

- Bergler, R. (2000): *Gesund durch Heimtiere. Beiträge zur Prävention und Therapie gesundheitlicher und seelischer Risikofaktoren.* Köln.

- Bergler, R. (1993): *Heimtiere als Prävention.* Nürnberg.

- BMELV (Bundesministerium für Ernährung, Landwirtschaft und Verbraucherschutz): *TierSchG 2006.*
  *http://www.bmelv.de/cln_044/nn_753136/SharedDocs/Gesetzestexte/T/Tierschutzge setz.html__nnn=true* (14.12.07)

- BMELV (Hrsg.): *Tierschutzbericht der Bundesregierung 2007.*
  URL:http://www.bmelv.de/nn_753004/SharedDocs/downloads/07-SchutzderTiere/
  Tierschutzberichte/2007,templateId=raw,property=publicationFile.pdf/2007.pdf
  (8.1.08)

- Bosshard, M., Ebert, U., Lazarus, H. (2007): *Soziale Arbeit in der Psychiatrie.* Bonn.

- Breitenbach, E., Stumpf, E. (2003): *Tiergestützte Therapie mit Delphinen.* In: Olbrich, E., Otterstedt, C. (Hrsg.): Menschen brauchen Tiere. 2003, S. 145- 172.

- Claus, A. (2000): *Tierbesuch und Tierhaltung im Krankenhaus. Eine Untersuchung zur Verbreitung, Chancen und Grenzen von Tierkontakt als therapieflankierende Möglichkeit für Patienten der Psychiatrie, Pädiatrie, Geriatrie und Psychosomatik.* München.

- Comer, R.J. (1996): *Klinische Psychologie.* Stuttgart.

- Corson et al. (1977): *Pet Dogs as Nonverbal Communication Links in Hospital Psychiatry.* In: Comprehensive Psychiatry, Vol.18 (1), S. 61-72.

- Delta Society (2007): *About Fact.* URL:
  http://archive.deltasociety.org/AboutAboutFact.htm#org v. (10.12.07)

- Delta Society (Hrsg.) (1996): *Standards of Practice for Animal-Assisted Activities and Animal-Assisted Therapy.*
- Dörner, K./Plog, U./Teller, C./ Wendt, F. (2002): *Irren ist menschlich. Lehrbuch der Psychiatrie und Psychotherapie.* Bonn
- Dörr, M. (2005): *Soziale Arbeit in der Psychiatrie.* München.
- ESAAT (European Society for Animal Assisted Therapy) (2008): *Selbstbeschreibung.* URL: http://www.esaat.org/g_index.html v. (8.2.08)
- Feddersen-Petersen, D. (2003): *Das Ausdrucksverhalten und die Kommunikation von Hunden in ihrer Bedeutung im therapeutischen Kontext.* In: Olbrich, E., Otterstedt, C. (Hrsg.): Menschen brauchen Tiere. 2003, S.348-359.
- Feddersen-Petersen, D. (1989): *Hundepsychologie. Wesen und Sozialverhalten.* Stuttgart.
- Forschungskreis Heimtiere in der Gesellschaft (2008): *Der Forschungskreis.* URL:http://www.menschheimtier.de/content/index.php?area=1&np=1,0,0,0,0,0,0,0 (2.2.08)
- Forschungskreis Heimtiere in der Gesellschaft (Hrsg.) (1/2006): *Mensch & Tier.* Bremen.
- Forschungskreis Heimtiere in der Gesellschaft (Hrsg.) (4/2006) : *Mensch & Tier.* Bremen.
- Förster, A. (2004): *Tiere als Therapie. Mythos oder Wahrheit? Zur Phänomenologie einer heilenden Beziehung mit dem Schwerpunkt Mensch und Pferd.* Bielefeld.
- Gaebel, W., Müller-Spahn, F. (Hrsg.) (2002): *Diagnostik und Therapie psychischer Störungen.* Stuttgart.
- GMK (Gesundheitsministerkonferenz der Länder) (Hrsg.) (2007): *Psychiatrie in Deutschland. Strukturen, Leistungen, Perspektiven.*
- Goertz, V. (2007): *Tiergestützte Betreuung psychisch kranker Menschen: Hundebesuchsdienst im Rahmen des betreuten Wohnens.* In: Kuratorium Deutsche Altershilfe (KDA) (Hrsg.): Tiere öffnen Welten. Ideen, Projekte, Leitlinien. Köln, S.107-120.
- Goffman, E. (1972): *Asyle. Über die soziale Situation psychiatrischer Patienten und anderer Insassen.* Frankfurt.
- Greiffenhagen, S. (1991): *Tiere als Therapie. Neue Wege in Erziehung und Heilung.* München.
- Greiffenhagen, S. (2003): *Tiere in der Sozialen Arbeit.* In: Sozialmagazin (7-8), S. 22-29.

- Gunsser, I. (2003): *Lama und Alpaka in der tiergestützten Aktivität/Therapie*. In: Olbrich, E., Otterstedt, C. (Hrsg.): Menschen brauchen Tiere. 2003, S. 404-411.

- IEMT (Institut für interdisziplinäre Erforschung der Mensch-Tier-Beziehung) (Hrsg.): *Tiergestützte Therapie im Aufwind*. In: Weißbuch 3/2007.

- IEMT Österreich (2008): *Ziele und Aufgaben*. URL:http://www.iemt.at/das_iemt/das_iemt_index.html (2.2.08)

- IEMT Schweiz (2008): *Über uns*. URL:http://www.iemt.ch/index.php?id=72 (2.2.08)

- Institut für Soziales Lernen mit Tieren (2008): *Wer sind wir?* URL:http://www.lernen-mit-tieren.de/ (2.2.08)

- IVH (Industrieverband Heimtierbedarf) (Hrsg.): *Der deutsche Heimtiermarkt. Struktur-und Umsatzdaten*. Düsseldorf 2006.

- Katcher, A., Beck, A. (Hrsg.) (1987): *Health and caring for living things*. In: Anthrozoös I (3) 1987, S. 175-183.

- Klosinski, G. (2005): *Psychiatrische Krankheiten*. In: Otto, H./Thiersch, H. (Hrsg.): Handbuch Sozialarbeit Sozialpädagogik. 2005, S. 1446-1453.

- Koch, K., Asshauer, I., Ritlewski, A., Steinert, T. (2006): *Therapiehund auf einer psychiatrischen Aufnahmestation – Konzeption und vier Jahre Erfahrung*. In: Psychiatrische Pflege (12) 2006, S. 242-246.

- Koch, K. (2002): *Rahmenbedingungen für die Anschaffung des Stationshundes der Station 2057*. URL:http://www.zfpweb.de/files/tiergestuetzte_therapie_rahmenbedingungen.pdf (1.3.08)

- Leben mit Tieren e.V. (2008): URL: http://www.lebenmittieren.de/ (1.3.08)

- Levinson, B.M. (1962): *The dog as a „co-therapist"*. In: Mental Hygiene, 46(1), S. 59-65.

- Mensch-Tier-Kongress (2007): *Kongressunterlagen*. URL:http://www.mensch-tier-kongress-2007.de/Mensch-Tier-Kongress-2007.pdf

- Meyer-Wegener, J. (2004): *Menschen brauchen Tiere. Gespräch mit Frau Dr. C. Otterstedt und Herrn Chr. Rauschenfels*. In: Ärztezeitschrift für Naturheilverfahren 45 (6), S. 432-434.

- Miller, T., Pankofer, S. (2000): *Empowerment konkret! Handlungsentwürfe und Reflexionen aus der psychosozialen Praxis*. Stuttgart.

- Müller, S.(2006): *„…also muss der Hund lernen den Menschen richtig zu deuten?"* In: Tiergestützte (3) 2006, S. 7-9.

- Nagel, M./ v. Reinhardt, C. (2003): *Stress bei Hunden*. Grassau

- Niepel, G. (1998): *Mein Hund hält mich gesund. Der Hund als Therapeut für Körper und Seele.* Augsburg

- Olbrich, E./Otterstedt, C. (Hrsg.) (2003a): *Menschen brauchen Tiere. Grundlagen und Praxis der tiergestützten Pädagogik und Therapie.* Stuttgart.

- Olbrich, E. (2003b): *Biophilie: Die archaischen Wurzeln der Mensch-Tier- Beziehung.* In: Olbrich, E., Otterstedt, C. (Hrsg.): Menschen brauchen Tiere. 2003, S. 68-76.

- Olbrich, E. (2003c): *Zum Verstehen der Tiergestützten Intervention: Versuch einer Integration.* In: Olbrich, E., Otterstedt, C. (Hrsg.): Menschen brauchen Tiere. 2003, S. 184-196.

- Olbrich, E. (2003d): *Zur Ethik in der Mensch-Tier-Beziehung aus Sicht der Verhaltensforschung.* In: Olbrich, E., Otterstedt, C. (Hrsg.): Menschen brauchen Tiere. 2003, S. 32-57.

- Olbrich, E. (1997): *Tiere in der Therapie. Zur Basis einer Beziehung und ihrer Erklärung. Auszug aus dem Referat zum Thema Tiergestützte Therapie anlässlich des zehnjährigen Bestehens des Vereins Tiere helfen Menschen e.V. in Würzburg 1997.*

- Otterstedt, C. (2003): *Zum Einsatz von Tieren in Kliniken.* In: Olbrich, E., Otterstedt, C. (Hrsg.): Menschen brauchen Tiere. 2003, S. 227-236.

- Otto, H./Thiersch, H. (Hrsg.) (2005): *Handbuch Sozialarbeit Sozialpädagogik.* München.

- Peukert, R. (2003): *Die Zukunft der Psychiatrie in Deutschland – Ergebnisse des Arbeitskreises zur Weiterentwicklung der psychiatrischen Versorgung in der Bundesrepublik Deutschland.* URL:http://www.psychiatrie.de/dachverband/archiv/article/ZukunftsAK_BMGS_0203-RefPeukert.html (31.01.08)

- Prothmann, A./ Ettrich, C. (2003): *Ein Projekt zur Untersuchung interspezifischer Kind-Hund-Interaktionen.* URL:http://www.tiere-als-therapie.de/Anke_Prothmann.pdf (15.12.2007)

- Prothmann, A. (2006): *Klinikpark mit Ziegen und Schafen. Mensch und Tier – eine heilsame Beziehung?* in: Orientierung (1) 2006, S. 36-38.

- Rauschenfels, C., Otterstedt, C. (2003): *Chancen und Verantwortung im Tierbesuchsdienst.* In: Olbrich, E., Otterstedt, C. (Hrsg.): Menschen brauchen Tiere. 2003, S. 385-404.

- Rheinz, H.(1994): *Eine tierische Liebe. Zur Psychologie einer Beziehung zwischen Mensch und Tier.* München.

- Rose, L. (2006): *Tiere und Soziale Arbeit – Versuch einer kritischen Thematisierung.* In: Neue Praxis (2) 2006, S. 208-224.

- Saum-Aldehoff, T. im Interview mit Koch, K. (2007): *Was macht ein Hund auf einer Psychiatriestation?* In: Psychologie Heute. (4) 2007, S. 54-55.

- Schädle-Deininger, H.(1996): *Praktische psychiatrische Pflege. Arbeitshilfen für den Alltag.* Bonn.

- Schlegl-Kofler, K. (1997): *Mein Hund.* München.

- Schwarzkopf, A., Weber, A. (2007): *Heimtierhaltung - Chancen und Risiken für die Gesundheit.* In: Robert-Koch-Institut (RKI) (Hrsg.): Gesundheitsberichterstattung des Bundes. Heft 19. Berlin 2007.

- Schwarzkopf, A., Otterstedt, C., Olbrich, E., Rauschenfels, C. (2004): *Tiergestützte Aktivität, Förderung, Pädagogik und Therapie. Definitionen und Qualitätsanforderungen.* In: Unser Rassehund (VDH) (7)2004, S.16-17.

- Schwarzkopf, A., Olbrich, E. (2003): *Lernen mit Tieren.* In. Olbrich, E., Otterstedt, C. (Hrsg.): Menschen brauchen Tiere. 2003, S.253-267.

- Schwarzkopf, A. (2003): *Hygiene: Voraussetzung für Therapie mit Tieren.* In: Olbrich, E., Otterstedt, C. (Hrsg.): Menschen brauchen Tiere. 2003, S.106-114.

- Serpell, J. (1990): *Das Tier und wir. Eine Beziehungsstudie.* Zürich 1990.

- Stricker, K./Heimann, J. (2008a): *Ein Stück Sonntag im Alltag: Tiergestützte Therapie/Pädagogik.* URL:http://www.sonntagimalltag.de/html/tiere.htm (2.2.08)

- Stricker, K./Heimann, J. (2008b): *Ein Stück Sonntag im Alltag: Persönliche Betreuung.* URL: http://www.sonntagimalltag.de/html/betreuung.htm (8.2.08)

- Tiere als Therapie (2008): *Selbstbeschreibung.* URL:http://www.tierealstherapie.org/mission.php ( 2.2.08)

- Tiergestützte Therapie (2008): Fortbildung. URL: http://www.tiergestuetztetherapie.de/pages/fortbildung/fortbildung.htm (1.3.08)

- v. Kardoff, E. (2005): *Psychiatrie und Sozialpädagogik/Sozialarbeit.* In: Otto, H./Thiersch, H. (Hrsg.): Handbuch Sozialarbeit Sozialpädagogik. S. 1434-1445.

- Watzlawick, P., Beavin, J., Jackson, D. (2003): *Menschliche Kommunikation. Formen, Störungen, Paradoxien.* Bern.

- WHO (World Health Organisation) (2007): *International Statistical Classification of Diseases and Related Health Problems. 10th Revision Version for 2007. Tabular List of inclusions and four-character subcategories.* URL: http://www.who.int/classifications/apps/icd/icd10online/ (10.12.07)

- Wikipedia (2008): *Tiergestützte Therapie.*
  URL:http://de.wikipedia.org/wiki/Tiergest%C3%BCtzte_Therapie (1.2.08)
- Zimbardo, P./Gerrig, R. (1999): *Psychologie.* Berlin, Heidelberg, New York.

Mehr zu diesem Thema finden Sie in „Der Einsatz von Hunden in der psychiatrischen Praxis" von Bianca Wippich. ISBN: 978-3-640-54302-1

http://www.grin.com/de/e-book/140769/